BULLETIN TRIMESTRIEL

DIRECTION

..., 18 (ancien 30), avenue de Déols, CHATEAUROUX

AUX SOUSCRIPTEURS PRIVILÉGIÉS
DU
DICTIONNAIRE DES DICTIONNAIRES

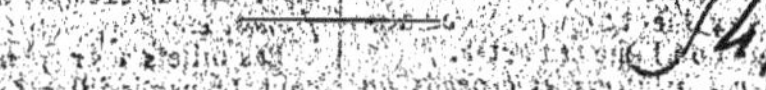

39ᵉ Circulaire. — Décembre 1899 et Janvier 1900

RETARD

L'apparition du *Bulletin trimestriel* de décembre a été retardée pour qu'il ne restât pas inaperçu dans l'encombrement de la fin de 1899 et le commencement de 1900, encombrement qui dure environ du 20 décembre au 15 janvier, car je voulais appeler l'attention bienveillante de mes zélés et dévoués souscripteurs sur la marche de notre œuvre. Le tome III de la 4ᵉ édition du *Dictionnaire des Dictionnaires* est en vente, et nous avons pu remédier à la cause principale qui ralentissait si gravement l'achèvement du tome Iᵉʳ de la *Bible à l'usage des familles*. Donc *tout arrive à qui sait attendre*, comme le dit le proverbe.

UN DOCUMENT

Pour ceux qui oublieraient l'importance des œuvres du genre de la nôtre, le mérite d'y concourir, l'obligation de ne pas favoriser les œuvres ou publications de la mauvaise presse ou de la presse soi-disant neutre mais secrètement hostile, nous avons jugé utile de reproduire le document qui suit :

LE CHOIX DES LIVRES ET DES JOURNAUX A LIRE.

Les évêques de Suisse viennent de publier une lettre collective, traçant aux catholiques leurs devoirs dans le choix des journaux, devoirs qui sont les mêmes pour les livres, pour les dictionnaires notamment. Nous en extrayons le passage suivant :

« Quiconque reçoit un journal hostile à l'Eglise participe, par cela même, aux œuvres mauvaises de ce journal. Oui, l'argent de votre abonnement est un soutien que vous fournissez, un secours que vous apportez, une contribution de guerre que vous soldez aux ennemis de l'Eglise. Et dans quel but ? C'est afin que ce journal poursuive son œuvre avec plus de succès.

» Par là, vous l'aidez indirectement à combattre l'Eglise notre Mère ; tandis que la bonne presse qui se dévoue à la défense de cette même Eglise, vous la laissez à son indigence, vous l'abandonnez à son dénûment ; vous allez même jusqu'à lui refuser une mesquine souscription. Abonnez-vous, et passez le journal à d'autres. De cette manière, vous doublerez votre aumône à la bonne cause. Votre argent soutiendra un bon journal : celui-ci opérera le bien chez votre voisin ; et la bénédiction du Ciel ne manquera pas à votre léger sacrifice. Communiquez et faites publier dans les bons journaux vos informations et vos nouvelles ; cherchez à gagner à ces journaux, dans votre entourage, des abonnés, des correspondants ou des collaborateurs... »

DICTIONNAIRE DES DICTIONNAIRES

Le « DICTIONNAIRE DES DICTIONNAIRES » (6 vol. avec un 7ᵉ vol. contenant les illustrations), surtout avec sa 4ᵉ édition illustrée (8 vol.), se place au premier rang des encyclopédies, comme étant, rappelons-le, *la plus complète, la plus exacte, la mieux illustrée, la plus récente, mise à point, à jour* et, on ne saurait trop le répéter, *la seule vraiment chrétienne*.

L'œuvre s'est achevée, développée ; elle a été dans trois éditions, revue, corrigée, complétée ; elle a reçu son couronnement par un vol. de supplément contenant les illustrations de tout l'ouvrage ; par une dernière évolution l'œuvre prend sa forme définitive dans une 4ᵉ édition, où l'illustration, contenant *vingt mille* gravures, est fusionnée avec le texte en 8 vol. dont les trois premiers volumes sont en vente et le 4ᵉ est à la veille de paraître.

Cette campagne en faveur de la vérité s'est faite et continue de plus belle avec succès, grâce à qui ? A vous, chers et honorés souscripteurs, qui avez été confiants, patients, à vous surtout, les plus zélés qui me soutenez non seulement de votre sympathie, mais par votre participation au *fonds de roulement.*

QUATRIÈME ÉDITION

Conditions. — On trouvera dans le prospectus couvert les conditions dans lesquelles paraît cette édition, dont la vente se fait principalement par les soins de M. Savaète, 76, rue des Saints-Pères, Paris. (Les tomes 1, 2 et 3 ont paru.) Je me suis entendu avec lui pour que ceux de mes premiers souscripteurs privilégiés qui la désireraient pour eux, leurs proches, leurs amis, jouissent des avantages des combinaisons suivantes :

1° Ce qui pour tel ou tel souscripteur reste à toucher, au fur et à mesure des dividendes, sur le montant de la première souscription, viendrait en déduction du prix de la 4° édition :

2° Tout ancien souscripteur qui demande le nouveau *Dictionnaire illustré* peut rendre son vieux *Dictionnaire*, ce qui fera 100 fr. de moins à verser sur le prix de la nouvelle souscription : l'ancien *Dictionnaire* ne serait rendu qu'après livraison totale du nouveau de sorte que le souscripteur ne restera pas un instant sans dictionnaire.

Le même souscripteur ne peut jouir de ces deux faveurs à la fois ; elles s'excluent : on peut demander l'une ou l'autre, mais non l'une *et* l'autre.

3° *Je donnerai ces 8 vol. illustrés et brochés du prix de 285 fr.! comme* PRIME GRATUITE *d'un prêt de quinze cents francs pour le fonds de roulement.*

Pour ce dernier mode d'acquisition avantageux à la fois et pour le souscripteur et pour l'Œuvre, c'est à moi exclusivement qu'il faut s'adresser. Ce mode n'exclut point les conditions précédentes. Voici un exemple : un ancien souscripteur écrit :

« Je possède un *Dictionnaire des Dictionnaires* (6 volumes un peu fatigués et un volume *Supplément illustré* complètement neuf, relié) que je désirerais fort échanger contre votre nouveau *Dictionnaire*, 4° édition illustrée. Pour cela je vous retournerais franco mes sept volumes et vous prêterais aux conditions ordinaires une somme pour le fonds de roulement. — Quelle devrait être cette somme ? »

« Je réponds : Vous avez dû voir dans mon *Bulletin trimestriel* que « tout ancien souscripteur qui demande le nouveau *Dictionnaire illustré* peut rendre son vieux *Dictionnaire*, ce qui fera 100 fr. de moins à verser sur le prix de sa nouvelle souscription », etc. »

« En conséquence puisque votre intention est de rendre votre vieux *Dictionnaire*, je le reprendrai pour le prix de 100 fr. qui viendra en déduction du prêt.

Donc, en résumé, moyennant le versement par vous de la somme de 1400 fr. et la rendue de votre vieux *Dictionnaire*, je vous donnerai un billet à votre ordre de 1500 fr. payable dans cinq ans avec dix billets pour les intérêts à 5 0/0 l'an payables par semestre, et les 8 volumes *brochés* de la nouvelle édition du *Dictionnaire des Dictionnaires*. Au cas où vous désireriez les volumes reliés vous auriez 40 fr. à verser en plus des 1400 fr. car la reliure de chaque volume coûte 5 francs.

FONDS DE ROULEMENT

Je vous recommande de nouveau, en vous priant de la faire connaître à vos amis, la circulaire *couleur brique : Fonds de roulement du Dictionnaire des Dictionnaires ; placement sûr et avantageux.*

C'est le moyen le plus efficace de favoriser mon œuvre ; et ce concours pécuniaire loin d'être onéreux pour celui qui me l'apporte lui est très profitable, puisqu'il lui procure un intérêt fixe, sérieux, payé régulièrement et de plus une prime très avantageuse, qui, si le porteur la prend en actions d'une des sociétés recommandées, lui ménage probablement pour l'avenir de grandes chances de gain sans avoir rien exposé, risqué (puisque c'est une prime gratuite).

J'offre un avantage tout spécial à ceux des souscripteurs privilégiés dont le montant de la souscription n'est pas entièrement reconstitué : je le fais entrer en ligne de compte, avec la proportion de 18 0/0, dans le prêt qu'ils feraient, le restant du montant de leur souscription privilégiée ; si donc, par exemple, un souscripteur privilégié, qui a encore rien reçu pour la reconstitution des 180 fr., prête 1.000 fr., il n'aura à verser que 820 fr., parce que le montant de sa souscription privilégiée — 180 fr. — entrera en ligne de compte pour parfaire le prêt de mille francs ; et il recevra un billet à ordre de 1.100 fr. négociable et payable dans cinq ans, avec dix billets à ordre de chacun 25 fr. 70 pour les intérêts. Si un souscripteur privilégié prête 500 fr., il n'aura à verser que 410 fr., parce que 90 fr. du montant de sa souscription privilégiée entreront en ligne de compte pour parfaire le prêt de 500 fr., et il recevra un billet à son ordre de 550 fr. négociable et payable dans cinq ans, avec dix billets pour les intérêts.

Quiconque procure un prêt a droit à 5 0/0 sur le montant, par exemple 50 fr. *pour un prêt de mille francs, etc.*

Les billets à ordre *nominatifs* donnés au prêteur sont transmissibles par endos. Au lieu de billets nominatifs le prêteur, s'il le désire, aura des billets *au porteur* ; un certain nombre de billets ont déjà été créés sous cette forme.

LA SAINTE BIBLE A L'USAGE DES FAMILLES

L'impression de cette œuvre considérable se poursuit. Le tome 1er devrait avoir paru depuis longtemps. Le retard, dont je gémis plus que personne, est dû à diverses causes indépendantes de ma volonté, notamment à la santé du reviseur qui doit présenter les dernières épreuves à l'*imprimatur* de l'archevêché de Cambrai, *ordinaire* de l'imprimeur de la *Sainte Bible*. Après guérison, ce reviseur vient d'éprouver une rechute, de sorte que le médecin lui interdit toute fatigue. Nous avons pris des mesures pour le faire aider ou le suppléer. Prière donc de prendre encore patience, le 1er volume se termine et rien ne sera négligé pour pousser activement l'impression des deux autres volumes. Je rappelle qu'une publication de ce genre exige des soins de toute sorte.

ALTAR ET DRY WASHING

Rapport du Conseil d'administration lu dans l'assemblée du 20 décembre 1899.

Suivant les prescriptions de la loi anglaise sous le régime de laquelle notre Société a été constituée, nous vous avons convoqués en Assemblée générale à la date de ce jour.

Nous n'avons pas, en effet, terminé notre premier exercice, et ne pouvons que vous présenter les chiffres établissant notre situation au 30 juin dernier ; nous vous demanderons de vouloir bien les approuver.

Nous profiterons cependant de cette occasion pour vous mettre au courant de ce qui a été fait depuis le début de notre Société. Vous y trouverez la preuve que le temps a été utilement employé.

Notre préoccupation a été tout d'abord d'étendre le domaine même de la Société, de façon à lui donner une situation prépondérante dans la région où elle opère.

Cela était d'autant plus urgent que nous étions en face de gisements encore inexploités, sinon inconnus au Mexique, alors que ces gisements font la fortune des grandes compagnies minières de l'Australie et de la Californie.

Nous avons dû nous adresser au Gouvernement mexicain, pour obtenir de lui une modification importante à la loi minière.

Le Gouvernement mexicain, après s'être dûment renseigné, tant par ses agents que par ses ingénieurs, s'est rendu compte de l'imtance des richesses minières que notre Société avait découvert... qu'elle lui signalait. Aussi, accueillant favorablement [la de]mande. Il proposait au Parlement les modifications sollicitées, qui ont été votées et promulguées le 3 novembre dernier. Le premier contrat fait en vertu de la loi nouvelle a été accordé, et c'était justice, à notre Société. Telle a été la première phase par laquelle nous devions néces- sairement passer pour atteindre la période actuelle, phase d'étu- des, de recherches, d'établissement légal de propriété, qui fatale- ment précède celle de l'exploitation et de la production, dans la- quelle nous sommes aujourd'hui entrés.

DRAGAGES AURIFÈRES

Après quelques heures de travail très fructueux deux pièces de la drague se sont brisées. Il a fallu en commander d'autres à Harlem. Elles sont ac- tuellement arrivées au placer *Sur-Saut*. Ces nouvelles pièces sont plus solides que les précédentes. Un té- légramme annoncera bientôt la nouvelle marche.

BANQUE FRANÇAISE D'ÉMISSION

La transformation depuis longtemps annoncée vient d'avoir lieu dans l'assemblée générale du 10 janvier. Il en résultera, espérons-le, une marche régulière, assurée qui donnera satisfaction à tous les intéressés.

Nous en reparlerons avec détails dans le *Bulletin mensuel de février*.

GUYANE HOLLANDAISE

L'espace nous manque pour insérer ici un inté- ressant exposé de la marche et de l'état actuel de cette excellente société minière : ce sera pour e *Bulletin mensuel de février*.

ANTHRACITES

Nous avons dit :

« Cette affaire ne sera pas une des moindres, elle surpas- sera les autres, même les meilleures. Elle peut indemniser largement ceux qui auraient éprouvé quelque déception dans d'autres valeurs (je ne parle pas des valeurs recommandées ici qui toutes sont excellentes). »

Nous avons ajouté dans le *Bulletin mensuel* de novembre que les résultats ne se feront probable- ment pas attendre. En effet, le syndicat, pen- dant que se termine la route de *Saint-Martin de Belleville*, a fait la demande d'une *deuxième con- cession* également riche et placée dans des condi- tions extrêmement avantageuses et a fait commen- cer les fouilles. Il s'agit des gisements de Montagny, à quelques kilomètres de la gare de Mou- tiers, sur une belle route, où circule un tramway électrique, qui sera d'une extrême commodité pour transporter l'anthracite à la gare de Moutiers.

De plus, le syndicat, en attendant l'exploitation des concessions, a acheté à un particulier un ter- rain dont il est devenu propriétaire et où il y a une galerie de 50 mètres en plein filon d'excellent an- thracite et en pleine activité, ce qui lui permettrait de donner déjà satisfaction à quelques-unes des nombreuses demandes qui arrivent de tous côtés.

Voilà ce que nous exposions en novembre der- nier. Depuis, la galerie ouverte a reçu visite de l'ingénieur en chef des mines qui a dressé un procès-verbal favorable et laissé espérer que l'ob- tention définitive de la concession serait très rapide contrairement aux habitudes bureaucratiques.

Le stock de parts diminue de jour en jour, ceux de mes souscripteurs qui en désirent doivent donc se hâter. Je ne saurais trop les engager à profiter d'une occasion aussi rare. La part est cédée à 100 fr. sans majoration et je leur facilite l'acquisi- tion en leur accordant de longs délais de paie- ment : s'ils n'ont pas de fonds disponibles en ce moment, ils pourront régler le montant de leurs souscriptions par des traites acceptées de trois à huit mois.

LA HAVEUSE GAY

Un ingénieur français, Monsieur P. Gay, actuellement installé à Fribourg, en Suisse, a composé des agglomérés AUSSI DURS ET MÊME PLUS DURS, QUE LE DIAMANT.

Il en fait une SCIE (ou mieux une HAVEUSE) destinée à tail- ler, dans le granit ou dans le minerai le plus dur, des blocs énormes avec la même facilité qu'une scie ordinaire décou- perait du bois.

Il peut opérer ainsi dans les *tunnels*, dans les *carrières*, dans les *mines* ; c'est une véritable révolution dans le monde entier pour ce genre de travaux qui ont une importance capitale.

Auparavant il fallait se servir nécessairement de *perfora- trices* et ensuite d'EXPLOSIFS qui mettent en *débris* les ma- tières extraites à grands frais et avec beaucoup de temps. Au contraire, la HAVEUSE ARTICULÉE ET DISCOÏDALE de M. Gay, qui ÉVOLUE DANS TOUS LES SENS ET FONCTIONNE AVEC LA PLUS GRANDE FACILITÉ, fait une besogne *très rapide*, très *économi- que* et rend *utilisables* les matériaux extraits lorsqu'il y a lieu. En creusant un tunnel, par exemple, elle peut, en extrayant la pierre, le marbre, le porphyre, etc., matériaux qui généralement sont perdus dans ce cas, les scier en ta- bles, en colonnes et leur DONNER DU PREMIER COUP LA FORME DÉSIRÉE.

Un dernier détail : *L'avancement des scies dans la roche tendre peut être évalué à 1 m. 60 à l'heure*, POUR ARRIVER A 0 M. 80 DANS LES PLUS DURES.

L'emploi de ces appareils, outre les autres avantages énon- cés plus haut, produira UNE ÉCONOMIE DE PLUS DE 60 0/0 sur les moyens actuels.

Il s'est formé une petite société en participation de pro- priété et de revenus, composée de cinquante parts.

J'avais obtenu pour mes amis six parts qui ont été enle- vées de suite ; on m'en a cédé en plus DEUX pour mon œu- vre en m'autorisant à les diviser en VINGT-CINQ PARTIES CHA- CUNE. Chaque vingt-cinquième de part donnera donc droit au 1250e de la propriété et des revenus ; la part étant de 5.000 francs, le 25e est de 200 francs. Il est bon de remar- quer que même cette unité fractionnaire (le 1250e) constitue une valeur bien plus élevée que celle des actions de très riches sociétés divisées en 10.000, 20.000 unités, etc., sans compter que les actions doivent partager souvent avec de nombreuses parts de fondateur. Tout au contraire ici les parts syndicataires entières ou fractionnées, d'abord sont peu nombreuses et ensuite sont propriétaires uniques et usufruitières uniques, exclusives, quoiqu'il arrive, sur tou- tes les opérations de la société, soit dans les exploitations françaises ou étrangères, soit par les ventes de brevets ou licences. L'affaire est dès maintenant en marche et l'ingé- nieur n'a eu recours à des amis que pour donner à cette af- faire un développement plus rapide.

On se propose de distribuer au fur et à mesure de la marche, tous les six mois par exemple, une partie des bé- néfices aux porteurs de parts entières ou de fractions de parts, le reste étant consacré à l'extension.

Qu'on me permette une comparaison : c'est comme un gros gâteau partagé entre un petit nombre. Supposons pour la *première année* un revenu *minime* à distribuer, de 125.000 fr. ; chaque 25e de part — capital 200 fr. — rappor- tera 100 fr. Que sera-ce avec les développements de l'affaire? Bientôt le produit sera quintuplé, et plus tard décuplé. N'oublions pas que le capital de 200 fr. appelé à recueillir de tels avantages est un cadeau, car JE DESTINE CHACUNE DE CES FRACTIONS (25e DE PART) A SERVIR DE PRIME (200 FR.) A UN PRÊT DE DEUX MILLE FRANCS POUR LE FONDS DE ROULEMENT DU *Dictionnaire des Dictionnaires*.

Pour mettre à même d'en profiter ceux de mes souscrip- teurs qui n'auraient pas de fonds disponibles, je suis prêt à leur accorder les plus grandes facilités : il suffit qu'à dé- faut d'espèces ils m'acceptent une ou plusieurs traites à une échéance ne dépassant pas trois mois pour la moitié

ADHÉSIONS

Monseigneur,

J'ai lu et relu avec une véritable admiration votre lettre ou dernière circulaire confidentielle.

Cette invention me paraît en effet avoir une importance immense, et je suppose que l'on pourra tout aussi bien fabriquer des meules, des limes et des tarrières avec la substance des agglomérés de M. Gay, que, d'après ce que vous en dites, j'appellerai des passe-diamants ou Surpasse-Diamants.

Mais si l'invention est belle en elle-même et si l'entreprise promet d'être lucrative, il convient surtout d'ajouter que l'associer à une œuvre de régénération sociale comme l'est la vôtre, c'est le côté le plus noble et le plus digne de tous nos efforts ; car trop souvent les entreprises les plus lucratives sont viciées par l'égoisme et n'ont en fin de compte aucun but bien digne et bien élevé.

Je me propose donc, Monseigneur, de faire tout le possible et même l'impossible afin de contribuer dans la mesure de mes forces à votre œuvre, d'autant plus que vous offrez une magnifique occasion, etc.

Henri A. (Vienne), 28 novembre 1899.

Monseigneur,

Je vous envoie la reconnaissance que vous avez bien voulu me souscrire pour la petite somme que j'ai pu vous prêter, il y a cinq ans, avec humble prière de la renouveler. J'y joins six billets de 25 fr. dont le terme est échu, ou à échoir, fin courant.

Continuez, Monseigneur, votre œuvre si bonne de propagande et que votre plume, si bien taillée, ne se lasse pas.

Je prie Dieu de vous accorder bien longtemps encore santé et l'intelligence pour rendre vains ébahis les [...] qu'ils nous portent, grâce à leur infernal toupet.

B. (Lozère), 26 novembre.

Quant au magnifique ouvrage cédé en prime pour le premier prêt, j'en suis entièrement satisfait. Je suis trop peu de chose pour vous féliciter d'avoir entrepris cette œuvre colossale. Permettez-moi de vous aider un peu, *per pecuniam et preces*.

L. (Tarn-et-Garonne), 6 octobre.

Permettez-moi de vous adresser mes félicitations au sujet du succès croissant de votre dictionnaire encyclopédique, dont les éditions s'épuisent à plaisir ; c'est assurément la meilleure récompense de votre labeur. Vous pouvez dire avec une légitime fierté : *exegi monumentum*, et nous, avec une légitime satisfaction, nous disons : nous sommes enfin en possession d'un dictionnaire suffisamment complet pour nos besoins ordinaires, et irréprochable au point de vue de l'orthodoxie. Mais votre œuvre n'est pas terminée, puisqu'il faut, au moyen de suppléments nouveaux, la tenir au courant des incessantes modifications qu'amène le progrès humain !

Baron de F. (Haute-Vienne), 6 octobre.

CONCLUSION

C'est après un examen sérieux et en connaissance de cause, dans leur propre intérêt comme dans celui de mon œuvre, que je fais à mes souscripteurs les diverses propositions exposées dans le *Bulletin trimestriel*.

Vous m'obligerez en me faisant savoir, à la première occasion, si vous êtes disposé, dans un moment donné, à y adhérer ; en demandant au besoin, des renseignements à ce sujet, et toutes observations que vous croirez utiles.

Comptant sur la continuation de votre concours, pour la prospérité toujours croissante, grâce à vous, d'une œuvre qui est vôtre sous tous les rapports, je vous prie d'agréer, chers et honorés souscripteurs, l'expression de ma vive gratitude et de mes sentiments distingués.

Paul GUÉRIN,
Protonotaire apostolique *a.-i.-p.*, Prélat de la Maison du Pape
Directeur du *Dictionnaire des Dictionnaires.*

AUX SOUSCRIPTEURS PRIVILÉGIÉS
DU
DICTIONNAIRE DES DICTIONNAIRES

40ᵉ Circulaire — Mars 1900.

NÉCESSITÉ DE LA PROPAGANDE ANTIMAÇONNIQUE

Plusieurs membres de l'épiscopat ont dénoncé récemment la secte de la franc-maçonnerie qui fait tant de mal à l'Église et à la France. C'est elle qui provoque les lois, les mesures administratives, les ... les démarches dirigées contre l'idée religieuse. Elle veut « biffer dix-neuf siècles de civilisation chrétienne et *nationaliser l'athéisme* ». C'est la France qu'elle a choisie pour victime, afin de pervertir la fille aînée de l'Église et d'emporter la principale source intellectuelle du genre humain. On sait les moyens de destruction religieuse employés depuis vingt ans avec une mesure sûre et progressive; trouvant la marche trop ..., la franc-maçonnerie se propose de supprimer la liberté de l'enseignement secondaire, et, en attendant, elle vient de frapper la *presse catholique* en dissolvant une vaillante congrégation religieuse. Elle commet ces infamies après avoir préparé l'esprit public par de fausses notions sur toutes choses, ... il y a, dit M. Jules Lemaître, un obscuran... maçonnique qui obscurcit en effet les cer... et rend impénétrables et inintelligibles de ... belles formes de la vie morale », et en général les vrais principes. Ainsi, après avoir enseigné ...été par ses journaux, ses livres, ses *dictionnaires encyclopédies* (dont une fait hautement sa ...ession de foi, *ni Dieu ni maître*), après avoir, par exemple, répandu partout cette fausse notion que « les *articles organiques* ne font qu'un avec le Concordat », ils s'appuient sur certains de ces articles ...aniques, anticanoniques, antireligieux, et disent : « le Concordat porte cette disposition », et ils se ...vent de cette disposition pour persécuter l'Église. ... les armes que la franc-maçonnerie emploie contre nous. — Je ne parle pas du mensonge, de ...pocrisie, de la persécution — il en est que nous ...vons et devons courageusement employer contre ...lle, tels que « la liberté de la presse », réunion publique, ...rce du suffrage universel, etc. » Tâchons ... de redresser l'opinion publique par la pro-

pagande des vérités de tout ordre. En ce qui me concerne, c'est à quoi je me consacre tout entier, sans mesurer les difficultés, dont je finis toujours par triompher avec succès grâce au secours de la Providence et aux concours qui veulent bien me suivre, et le nombre en augmente chaque jour, à l'appel que je multiplie et auquel répondent les bienveillantes et généreuses dispositions de mes ... les souscripteurs.

Comme je le disais l'année dernière à pareille époque, nous répandons la saine doctrine pour le dogme, la morale, la discipline ecclésiastique, le droit canonique, par notre ouvrage : les *Conciles généraux et particuliers*; pour la science sociale et politique, le droit public constitutionnel comparé, le droit administratif, par notre *Catéchisme politique*; pour la sainteté, la vie surnaturelle, la pratique des conseils évangéliques, l'édification des âmes, par notre *Vie des saints*; pour la lecture des livres saints, par une *Bible à l'usage des familles*, etc.

Enfin, d'une façon universelle, pour toutes les sciences, pour les notions de toutes sortes, pour les divers sens des mots de la langue, le *Dictionnaire des dictionnaires*, enseigne le vrai, détruit le faux, et préserve ainsi les esprits de l'ignorance, du préjugé et surtout des erreurs courantes, dont on s'imprègne, souvent sans s'en douter, dans les autres encyclopédies et dictionnaires hostiles, ou indifférents à la religion (et l'on sait quel esprit dangereux renferment l'indifférence et la *neutralité*).

QUATRIÈME ÉDITION DU DICTIONNAIRE DES DICTIONNAIRES

Le « Dictionnaire des Dictionnaires » (6 vol. avec un 7ᵉ vol. contenant les illustrations, surtout avec sa 4ᵉ édition illustrée 8 vol.), se place au premier rang des encyclopédies, comme étant, rappelons-le, *la plus complète, la plus exacte, la mieux illustrée, la plus récente, mise à point, à jour*, et, on ne saurait trop le répéter, *la seule vraiment chrétienne*.

Beaucoup de catholiques, d'ailleurs bien inten-

... en sa forme définitive dans une ... en illustration, contenant *vingt mille* ... donnée avec le texte en 3 vol. dont ... premiers volumes sont en vente et le 3e va ...

Encore une fois, cette campagne en faveur de la ... faite et continue de plus belle avec succès... grâce à qui? A vous, chers et honorés souscripteurs, qui avez été confiants, patients, à vous surtout, les plus zélés qui me soutenez non seulement de votre sympathie, mais par votre participation au *fonds de roulement*.

CONDITIONS

On trouvera dans le prospectus *bleu-vert* les conditions dans lesquelles paraît cette 4e édition, dont la vente se fait principalement par les soins de M. Savaète, 76, rue des Saints-Pères, à Paris. (Les tomes 1, 2 et 3 ont paru.) Je me suis entendu avec lui pour que ceux de mes premiers souscripteurs privilégiés qui la désireraient pour eux, leurs proches, leurs amis, jouissent des avantages des combinaisons suivantes:

1° Ce qui pour tel ou tel souscripteur reste à toucher, au fur et à mesure des dividendes, sur le montant de la première souscription, viendrait en déduction du prix de la 4e édition;

2° Tout ancien souscripteur qui demande le nouveau *Dictionnaire illustré* peut rendre son vieux *Dictionnaire*, ce qui fera 100 fr. de moins à verser sur le prix de la nouvelle souscription: l'ancien *Dictionnaire* ne serait rendu qu'après livraison totale du nouveau, de sorte que le souscripteur ne restera pas un instant sans dictionnaire.

Le même souscripteur ne peut jouir de ces deux faveurs à la fois; elles s'excluent: on peut demander l'une ou l'autre, mais non l'une et l'autre.

EN PRIME GRATUITE

3° Je donnerai ces 3 vol. *illustrés et brochés* du prix de 285 fr. comme PRIME GRATUITE d'un prêt de quinze cents francs pour le fonds de roulement.

Pour ce dernier mode d'acquisition avantageux à la fois et pour le souscripteur et pour l'Œuvre, c'est à moi exclusivement qu'il faut s'adresser. Ce mode n'exclut point les conditions précédentes. Voici un exemple: un ancien souscripteur écrit:

« Je possède un *Dictionnaire des Dictionnaires* (6 volumes in-4 langués) et un volume *Supplément illustré* complètement neuf, relié, que je désirerais fort échanger contre votre nouveau *Dictionnaire* 4e édition illustrée. Pour cela je vous retournerais franco mes sept volumes, et vous prêterais aux conditions ordinaires une somme pour le fonds de roulement. — Quelle devrait être cette somme? »

Je réponds: « Vous avez dû voir dans mon *Bulletin trimestriel* que Tout ancien souscripteur qui demande le nouveau *Dictionnaire illustré* peut rendre son ancien *Dictionnaire*, ce qui fera 100 fr. de moins à verser sur le prix de sa nouvelle souscription, etc.

En conséquence puisque votre intention est de rendre votre vieux *Dictionnaire*, je le reprendrai pour le prix de 100 fr. qui viendra en déduction du prêt.

Donc, en résumé, moyennant le versement par vous de la somme

FONDS DE ROULEMENT

Je vous recommande d'en parler, en outre ..., de la faire connaître à vos amis, en circulant leur brique: *Fonds de roulement du Dictionnaire des Dictionnaires — placement sûr et avantageux.*

C'est le moyen le plus efficace de favoriser mon œuvre; et ce concours pécuniaire, loin d'être onéreux pour celui qui me l'apporte, lui est très profitable, puisqu'il lui procure un intérêt fixe, servi et payé régulièrement et de plus une prime très avantageuse, qui, si le porteur la prend en actions d'une des sociétés recommandées, lui ménage probablement pour l'avenir de grandes chances de gain sans avoir rien exposé, risqué (puisque c'est une prime gratuite).

J'offre un avantage tout spécial à ceux des souscripteurs privilégiés dont le montant de la souscription n'est pas entièrement reconstitué: c'est de faire entrer en ligne de compte, avec la proportion de 18 0/0, dans le prêt qu'ils feraient, le restant du montant de leur souscription privilégiée: si donc par exemple, un souscripteur privilégié, qui n'a encore rien reçu pour la reconstitution des 180 fr., prête 1.000 fr., il n'aura à verser que 820 fr., parce que le montant de sa souscription privilégiée — 180 fr. — entrera en ligne de compte pour parfaire le prêt de mille francs; et il recevra un billet à ordre de 1.100 fr. négociable et payable dans cinq ans, avec dix billets à ordre de chacun 25 fr. 70 pour les intérêts. Si un souscripteur privilégié prête 500 fr., il n'aura à verser que 410 fr., parce que 90 fr. du montant de sa souscription privilégiée entreront en ligne de compte pour parfaire le prêt de 500 fr., et il recevra un billet à son ordre de 550 fr., négociable, et payable dans cinq ans, avec dix billets pour les intérêts.

Quiconque procure un prêt a droit à 5 0/0 sur le montant, par exemple 50 fr. pour un prêt de mille francs, etc.

Les billets à ordre *nominatifs* donnés au prêteur sont transmissibles par endos. Au lieu de billets nominatifs le prêteur, s'il le désire, aura des billets *au porteur*; un certain nombre de billets ont déjà été créés sous cette forme.

VALEURS INDUSTRIELLES. — RENSEIGNEMENTS.

Pour ceux de nos lecteurs qui ne reçoivent pas le *Bulletin mensuel*, nous donnerons le sommaire de celui de février auquel nous ajouterons de nouvelles informations s'il y en a.

ALLOUE ET AMBERNAC — les parts syndicataires de 5.000 francs vont être prises à 25.000 par la Société anglaise « *Sulphides reduction* » du moins l'assemblée générale de cette Société a autorisé ses administrateurs à exécuter le contrat d'option qui existe à ce sujet jusqu'au 24 avril (qui pourrait être prorogé au 24 mai).

GÉLON. — En même temps que par l'extension de sa concession le Gélon augmente l'étendue de s...

... les câblogrammes restent en souffrance.

« Nous achevons les travaux de la drague; ... cinq jours au plus nous fonction... Nous aurons de quatre à cinq jours de ...production... à cause des éboulements qui [se] produi... pendant les inondations que nous ... la semaine passée.

« Le câblogramme qui partira à la fin du mois et que vous recevrez le 6 ou 8 avril à Paris vous [fixera sur la] production faite par votre instrument [pendant] la deuxième quinzaine de mars. »

...ANDAISE. — Au moment de mettre [sous] presse, nous avons demandé par télégramme [les] productions depuis le mois d'août, date où [parut le] bulletin trimestriel de septembre.

« L'Administrateur délégué nous a répondu en [date] du 30 mars :

« En réponse à votre télégramme de ce jour nous [avons] l'honneur de vous faire savoir que les productions de la *Cie des Mines d'or de la Guyane hollandaise* se sont élevées en

Septembre à	19 k. 934
Octobre à	24 700
Novembre à	52 200
Décembre à	20 900
Janvier à	21 800
Février	22 000. »

Paris-capital, organe officieux de la Société, [publiait] le 22 novembre, un tableau comparatif relatif [aux] productions depuis le début de l'entre[prise] (janvier 1896), et en tirait ces conclusions :

« *Nos prévisions sur cette affaire se réalisent su[ccessivement] et nous restons convaincus qu'avec des [élé]ments toujours progressifs et une bonne admi[nis]tration les actionnaires sont à la veille de voir [lui]re l'ère des dividendes.* »

SABLES ET MINES DE L'ALTAR ET DRY WASHING. — [Le] conseil d'administration se préoccupait d'une [nouvelle] impulsion à donner aux travaux, et des [vo]tes et moyens. À cet effet, il est entré en rela... un des premiers ingénieurs connus, qui [se] trouvait dans ces parages et avant de traiter avec [l']interrogea sur l'impression que lui avaient [laissée]... et les diverses *richesses* de l'immense conces... et les *études* et *travaux* déjà exécutés. Voici sa [lettre], document de premier ordre, bien propre à [ra]nimer les premières espérances des souscripteurs, [un peu] depuis à un certain découragement :

Salt Lake City (Utah), 5 mars 1900.

« Mon cher monsieur Lejeune,

« ...de retour, prêt à répondre à votre appel et à partir [par le] premier train après votre lettre reçue.

« ...Avez-vous par ma dépêche ... l'annonce de bons ... en effet mon voyage m'a confirmé dans mon op... ...ment aux *richesses* que vous avez à exploiter ... corroboré mes affirmations relatives aux *fac*... placées dans nos mains pour l'exploitation

... machines pour ... ... demande dépasse la production. Le ... mille tonneaux par jour ... s'étendent aujourd'hui jusqu'à la frontière. Les moulins au cyanide à amalgamation et ... ont été doublés, triplés.

« Dans le district de l'Altar, la Cerro Colorado ... ont été recouvertes avec succès et donnent [des résultats] étonnants; Minas Prietas, la Colorado, la grande ... Mining Co sont en pleine opération.

« Des capitalistes étudient en ce moment un ... [pour] amener l'eau de la rivière Colorado dans le district [de] l'Altar, etc.

« Nous ? *Nous pouvons mieux faire* en utilisant ce que nous avons. Croyez-moi, mon cher monsieur, quand ... *que nous pouvons même avec des ressources modestes* [avoir] *des résultats presque immédiats* par une utilisation systématique de ce que vous avez et des résultats plus complets en y introduisant certaines nouvelles idées que je ne qualifierai pas d'Américaines mais simplement d'idées pratiques nouvelles.

« J'espère bientôt recevoir de vos nouvelles et vous prie d'accepter mes salutations bien amicales.

« J. LUCE, ingénieur. »

ANTHRACITES. — Les fouilles donnent de l'anthracite de *première qualité*. On sait que la consommation dépasse énormément la production, c'est pourquoi de grosses maisons ont déjà demandé à s'engager pour le tout; l'exploitation industrielle ne peut tarder beaucoup.

HAVEUSE GAY. — La machine vient de travailler en carrière devant plusieurs personnes compétentes, elle a pu attaquer facilement les matières les plus dures.

Il ne reste plus de parts syndicataires de 5.000 fr. à prendre.

J'avais obtenu pour mes amis six parts qui ont été enlevées de suite; on m'en a cédé en plus DEUX pour mon œuvre en m'autorisant à les diviser en VINGT-CINQ PARTIES CHACUNE. Chaque vingt-cinquième de part donnera donc droit au 1250e de la propriété et des revenus; la part étant de 5.000 fr., le 25e est de 200 francs.

JE DESTINE EXCLUSIVEMENT CHACUNE DE CES FRACTIONS (25e DE PART) A SERVIR DE PRIME (200 FR.) A UN PRET DE DEUX MILLE FRANCS POUR LE FONDS DE ROULEMENT DU *Dictionnaire des Dictionnaires*.

Pour mettre à même d'en profiter ceux de mes souscripteurs qui n'auraient pas de fonds disponibles, je suis prêt à leur accorder les plus grandes facilités; il suffit qu'à défaut d'espèces ils m'acceptent une ou plusieurs traites à une échéance ne dépassant pas trois mois pour la moitié du montant de leur souscription, et pour la seconde moitié, ne dépassant pas huit mois.

Ce qui est dit pour un prêt de 2.000 francs s'applique proportionnellement à des sommes supérieures.

L'opération peut être régularisée d'avance; je reçois les traites acceptées et je donne en retour : 1° un billet à ordre pour le capital, payable dans cinq ans; 2° dix billets pour l'intérêt 5 0/0, payables tous les six mois; 3° comme prime d'un prêt de 2.000 fr., un titre sur papier timbré contenant le 25e d'une part de participation à la propriété et au revenu de la *Haveuse* de M. P. Gay.

Banque Française d'émission. — A la suite de la dernière assemblée générale, la substitution de la *Banque Française et Orientale* à la *Banque Fran*[çaise]

[...] qui [...] contre [...] tout [...] passif, et le liquide immédiat [...] avec les créanciers. Cette transaction dans les circonstances présentes est très [...] pour les actionnaires. Le titre va re[...] au pair rapidement et ensuite le dépasser [...] un avenir prochain.

[...] L'assemblée constitutive de la nouvelle [...] qui devait avoir lieu le 19 mars a été remise au 31 avril.

Risqué. — Nous avons procédé dans cette revue des *valeurs industrielles*, qui intéressent un grand nombre de nos souscripteurs, non par des appréciations qui peuvent manquer de bases ou de justesse, mais par des *documents*, par des *pièces officielles*. Chacun en tirera des conclusions, selon sa nature d'esprit. On ne peut néanmoins ne pas constater avec plaisir que rien ne va mal, que ce qui semblait devenir mauvais s'améliore vivement, que ce qui semblait bien inférieur aux exposés primitifs est reconnu par un ingénieur de premier ordre et de première expérience en la matière valoir tout ce qu'on a pu dire au début, et qu'enfin tout le reste est ce qu'il y a de meilleur en ce genre. A l'exception de la laveuse dont les conditions sont toutes spéciales comme on vient de le voir, on peut avoir un titre d'une des valeurs ci-dessus comme prime gratuite d'un prêt de 1.000 fr., pour le fonds de roulement. On peut aussi, acquérir encore au prix de 100 fr., les valeurs suivantes dont il me reste de petits lots : Altar, Anthracites, Gelon.

DEMANDES ET RÉPONSES

On considère comme probable la distribution pour l'exercice 1899 du même dividende que 1898 pour les actions Oural, mais la chose ne sera officielle qu'après décision de l'assemblée générale qui aura lieu au mois de mai prochain. Pour 1898, c'est le Conseil d'administration qui avait pris sur lui de faire la distribution au mois de janvier 1899, mais il a été obligé de faire ratifier sa décision par l'assemblée générale de mai 1899 et ce procédé peut, paraît-il, être sujet à contestation. Aussi pour l'exercice 1899, le Conseil d'administration veut laisser aux actionnaires, réunis en assemblée générale, le soin de prendre telle décision qu'ils feront convenable. Donc attendons le mois de mai.

Je réunis ici plusieurs questions qui me sont adressées sur le même sujet : l'un me demande s'il faut ajouter foi aux propositions qui lui sont faites par les fondateurs d'une société que je connais. Un autre à propos d'un nom qu'il a vu souvent rapproché du mien désire savoir s'il doit considérer la personne qui porte ce nom comme étant d'accord avec moi en faisant cette communication et s'il peut s'adresser à cause de moi. Un troisième souscripteur m'écrit qu'une banque que j'ai indiquée une fois ici offre certains titres, et m'interroge sur ce que j'en pense.

Je tiens à déclarer d'une façon générale que je n'assume de responsabilité morale que pour les communications que je fais moi-même *directement*, et seulement dans la mesure et pour le but où je les fais. Déjà, en effet, on s'est servi de la confiance personnelle qui existe entre moi et mes souscripteurs en s'adressant à eux sans autorisation de ma part. Je prie donc quand ce n'est pas moi nommément qui parle et signe qu'on veuille bien me consulter par correspondance ; autrement je décline toute responsabilité et on ne pourra après coup m'adresser aucun reproche.

Monseigneur,

Nous sommes bien satisfaits de votre direction [...] et je forme des vœux pour son complet achèvement, [...] une grande diffusion de cette belle œuvre.

Dans la somme de 1.100 fr., se trouve comprise celle [de] 100 fr. dont le capital a été majoré pour prime ou [...] bénéfices. Les 5 0/0 d'intérêt que j'aurai touchés [par] semestre me paraissant un produit suffisant [...] prêt, je me propose, Monseigneur, de vous envoyer [en] octobre, les 100 fr. de surplus, avec prière de vouloir [...] les accepter, pour aider, si peu que ce puisse être, au [...] tionnement de l'œuvre tout particulièrement di[...] à laquelle vous vous êtes consacré et que vous contin[uez] avec tant de courage, de dévouement et de succès.

S. [...]

Ce dernier placement *prêt pour le fonds de roulement* est un de mes grands désirs, parce que votre Dictionnaire [fait] beaucoup de bien et évite le mal que répandraient [...] vais Dictionnaires s'ils étaient seuls.

En 1892, j'ai fait un sacrifice pour procurer à un de mes neveux votre bon Dictionnaire, pour ma satisfaction [et] j'espère aussi pour la vôtre, je me plais à croire qu'il a contribué à ses succès, après avoir été élève de Saint-Cyr, il est maintenant officier, et il a bien souvent consulté son dictionnaire.

N. [...]
P. (Ille-et-Vilaine).

Je suis heureux de constater que la divine Providence vous assiste visiblement en mettant à votre disposition des affaires exceptionnellement honnêtes et avantageuses. [Vous] voulez en faire profiter vos souscripteurs, je vous en remercie et ne sais comment vous en témoigner ma reconnaissance.

P. [...]
B. de M. (Vaucluse).

Je profite de l'occasion pour vous souhaiter une très heureuse année. Je désire que vos œuvres prospèrent de plus en plus et que vous fassiez comprendre à nombre de [ca]tholiques qu'il faut s'entr'aider et donner leur argent pour soutenir les causes honnêtes, nobles et religieuses, [et déf]endre les droits de la France et de l'Église.

CONCLUSION

C'est après un examen sérieux et en connaissance de cause, dans leur propre intérêt comme dans celui de mon œuvre, que je fais à mes souscripteurs les diverses propositions exposées dans le *bulletin trimestriel*.

Vous m'obligerez en me faisant savoir, à la première occasion, si vous êtes disposé, dans un moment donné, à y adhérer, en demandant, au besoin, des renseignements à ce sujet, et en faisant toutes observations que vous croirez utile.

Comptant sur la continuation de votre précieux concours, pour la prospérité toujours croissante, grâce à vous, d'une œuvre qui est vôtre sous tous les rapports, je vous prie d'agréer, chers et honorés Souscripteurs, l'expression de ma vive gratitude et de mes sentiments distingués.

Paul GUÉRIN,
Protonotaire apostolique, [...], Prélat de la Maison du [Pape,]
Directeur du *Dictionnaire des Dictionnaires.*

Châteauroux. — Impr. et Stéréot. A. Majesté et L. Bouchardeau, A. Mellottée, successeur.

DICTIONNAIRE DES DICTIONNAIRES

BULLETIN TRIMESTRIEL

DIRECTION

19 (ancien 56), avenue de Déols, CHATEAUROUX

NOUVEAU DICTIONNAIRE DES DICTIONNAIRES ILLUSTRÉ

AUX SOUSCRIPTEURS PRIVILÉGIÉS

DU

DICTIONNAIRE DES DICTIONNAIRES

41° Circulaire. — Juin 1900

QUATRIÈME ÉDITION DU DICTIONNAIRE DES DICTIONNAIRES

Le « DICTIONNAIRE DES DICTIONNAIRES » (6 vol. avec un 7° vol. contenant les illustrations, surtout avec sa 4° édition illustrée 8 vol.), se place au premier rang des encyclopédies, comme étant, rappelons-le, *la plus complète, la plus exacte, la mieux illustrée, la plus récente, mise à point, à jour;* et, on ne saurait trop le répéter, *la seule vraiment chrétienne.*

Beaucoup de catholiques, d'ailleurs bien intentionnés, ont douté que cette œuvre dans notre temps d'indifférence et de veulerie, pût jamais se terminer. Ils ont dû se réjouir de voir l'événement leur donner un démenti. L'œuvre s'est achevée développée; elle a été, dans trois éditions, revue, corrigée, complétée : elle a reçu son couronnement par un vol. de supplément contenant les illustrations de tout l'ouvrage; par une dernière évolution l'œuvre prend sa forme définitive dans une 4° édition, où l'illustration, contenant *vingt mille* gravures, est fusionnée avec le texte en 8 vol. dont les trois premiers volumes sont en vente et le 4° va paraître.

Encore une fois, cette campagne en faveur de la vérité s'est faite et continue de plus belle avec succès, grâce à qui? A vous, chers et honorés souscripteurs, qui avez été confiants, patients, à vous surtout, les plus zélés qui me soutenez non seulement de votre sympathie, mais par votre participation au *fonds de roulement.*

CONDITIONS

On trouvera dans le prospectus *bleu-vert* les conditions dans lesquelles paraît cette 4° édition, dont la vente se fait principalement par les soins de M. Savaète, 76, rue des Saints-Pères, à Paris. Je me suis entendu avec lui pour que ceux de mes premiers souscripteurs privilégiés qui la désireraient pour eux, leurs proches, leurs amis, jouissent des avantages des combinaisons suivantes :

1° Ce qui pour tel ou tel souscripteur reste à tou-

cher, sur la reconstitution, au fur et à mesure de la vente, du montant de sa première souscription, viendrait en déduction du prix de la 4° édition;

2° Tout ancien souscripteur qui demande le nouveau *Dictionnaire illustré* peut rendre son vieux *Dictionnaire,* ce qui fera 100 fr. de moins à verser sur le prix de la nouvelle souscription; l'ancien *Dictionnaire* ne serait rendu qu'après livraison totale du nouveau de sorte que le souscripteur ne restera pas un instant sans dictionnaire.

Le même souscripteur ne peut jouir de ces deux faveurs à la fois; elles s'excluent : on peut demander l'une ou l'autre, mais non l'une *et* l'autre.

EN PRIME GRATUITE

3° *Je donnerai ces 8 vol. illustrés et brochés, du prix de* 285 *fr. comme* PRIME GRATUITE *d'un prêt de quinze cents francs pour le fonds de roulement.*

Pour ce dernier mode d'acquisition avantageux à la fois et pour le souscripteur et pour l'Œuvre, c'est à moi exclusivement qu'il faut s'adresser : ce mode de souscription fait des progrès depuis quelques mois.

FONDS DE ROULEMENT

Je vous recommande de nouveau, en vous priant de la faire connaître à vos amis, la circulaire couleur brique : relative au *Fonds de roulement,* j'en ai modifié la rédaction pour mieux en marquer le caractère moral.

C'est le moyen le plus efficace de favoriser mon œuvre; et ce concours pécuniaire loin d'être onéreux pour celui qui me l'apporte lui est très profitable, puisqu'il lui procure un intérêt fixe, sérieux, et de plus une prime très avantageuse, qui, si le porteur la prend en actions d'une des sociétés recommandées, lui ménage probablement pour l'avenir de grandes chances de gain sans avoir rien exposé, rien risqué (puisque c'est une prime gratuite).

J'offre un avantage tout spécial à ceux des souscripteurs privilégiés dont le montant de la souscription n'est pas entièrement reconstitué : c'est de faire entrer en ligne de compte, avec la proportion de 18 0/0, dans le prêt qu'ils feraient, le restant du montant de leur souscription privilégiée ; si donc, par exemple, un souscripteur privilégié, qui n'a encore rien reçu pour la reconstitution des **180 fr.**, prête **1.000 fr.**, il n'aura à verser que **820 fr.**, parce que le montant de sa souscription privilégiée — **180 fr.** — entrera en ligne de compte pour parfaire le prêt de mille francs ; et il recevra un billet à ordre de **1.100 fr.** payable dans cinq ans, avec dix billets à ordre de chacun **25 fr. 70** pour les intérêts. Si un souscripteur privilégié prête **500 fr.**, il n'aura à verser que **410 fr.**, parce que **90 fr.** du montant de sa souscription privilégiée entreront en ligne de compte pour parfaire le prêt de **500 fr.**, et il recevra un billet à son ordre de **550 fr.**, payable dans cinq ans, avec dix billets pour les intérêts.

Quiconque procure un prêt a droit à 5 0/0 sur le montant, par exemple **50 fr.** *pour un prêt de mille francs, etc.*

Les billets à ordre *nominatifs* donnés au prêteur sont transmissibles par endos. Au lieu de billets nominatifs le prêteur, s'il le désire, aura des billets *au porteur.*

VALEURS INDUSTRIELLES. — RENSEIGNEMENTS.

Alloue et Ambernac. — D'après des renseignements puisés à bonne source de nouvelles propositions sont faites à la Société par une Cie Anglaise de tout premier ordre sur les mêmes bases que l'ancienne, à savoir le rachat des parts à vingt-cinq mille francs en espèces ou en actions de la Compagnie. Les négociations qui se poursuivent activement ont toutes chances d'aboutir avant la fin du mois. A cette époque, nous a-t-on dit, les syndicataires seront réunis et il leur sera proposé de donner à cet égard leur sanction définitive. — En attendant l'usine continue à travailler et à attirer l'attention des ingénieurs en France et à l'Etranger. Dans une lettre qu'il vient d'écrire au Financial News à Londres, M. Dewar, ingénieur, attaché pendant cinq ans aux Brokenhill Mines en Australie et qui a été envoyé par un des intéressés desdites mines pour étudier le procédé du Syndicat, dit textuellement ceci : « Je n'hésite pas à dire que le Conseil Anglais n'a plus besoin de rechercher un procédé efficace, parce que je suis convaincu que *le procédé Ellershausen tel qu'il est établi sur une base commerciale à Angoulême (France)* est tout particulièrement adapté au traitement de leur précieuse production, principalement des « Midlings ». — Or les « Midlings » c'est-à-dire les minerais complexes dont parle M. Dewar sont intraitables (il le dit lui-même dans cette même lettre) par les procédés ordinaires, et jusqu'ici ont été mis de côté sans qu'on puisse en tirer aucun parti.

Haveuse Gay. — J'espère qu'il en sera de la Haveuse Gay comme d'Alloue et Ambernac, c'est-à-dire que les parts de 5.000 francs auront une plus value très importante. En effet je viens de recevoir de M. Gay les meilleurs renseignements.

Il se trouve qu'une part de 5.000 fr. est devenue disponible. Elle serait payable à trois et six mois. Si quelque souscripteur la désire il peut m'adresser sa demande.

J'avais obtenu pour mes amis six parts qui ont été enlevées de suite ; on m'en a cédé en plus DEUX pour mon œuvre en m'autorisant à les diviser en VINGT-CINQ PARTIES CHACUNE. Chaque vingt-cinquième de part donnera donc droit au **1250e** de la propriété et des revenus ; la part étant de 5.000 fr., le 25e est de 200 francs.

JE DESTINE EXCLUSIVEMENT CHACUNE DE CES FRACTIONS (25e DE PART) A SERVIR DE PRIME (200 FR.) A UN PRÊT DE DEUX MILLE FRANCS POUR LE FONDS DE ROULEMENT DU *Dictionnaire des Dictionnaires.*

Pour mettre à même d'en profiter ceux de mes souscripteurs qui n'auraient pas de fonds disponibles, je suis prêt à leur accorder les plus grandes facilités : il suffit qu'à défaut d'espèces ils m'acceptent une ou plusieurs traites à une échéance ne dépassant pas trois mois pour la moitié du montant de leur souscription, et pour la seconde moitié, ne dépassant pas huit mois.

Ce qui est dit pour un prêt de 2.000 francs s'applique proportionnellement à des sommes supérieures.

L'opération peut être régularisée d'avance ; je reçois les traites acceptées et je donne en retour : 1° un billet à ordre pour le capital, payable dans cinq ans ; 2° dix billets pour l'intérêt 5 0/0, payables tous les six mois ; 3° comme prime d'un prêt de 2.000 fr., un titre sur papier timbré contenant le 25e d'une part de participation à la propriété et au revenu de la *Haveuse* de M. P. Gay.

Banque Française d'Emission. — Il semble que la transformation tant de fois annoncée, tant de fois avortée ou remise, s'est enfin réalisée. Nous pourrons être plus affirmatif dans notre prochain bulletin. Toujours est-il que cette banque dispose de certaines ressources qu'on ne lui connaissait pas naguère.

Mines du Gélon. — L'ingénieur en chef des mines s'est rendu sur les lieux pour examiner les travaux et constater l'avancement et le résultat des fouilles au Bourget. Nos lecteurs savent que la Société du *Gélon* demande une notable extension de sa concession, très riche en minerai de cuivre et de plombs argentifères ; cette extension lui semble dès ce jour assurée.

Anthracite de Saint-Martin de Belleville et Montagny. — L'ingénieur en chef des mines s'est également transporté sur les lieux où les fouilles avaient été pratiquées. L'ingénieur y allait avec la mission de faire son rapport concernant l'octroi de la concession au Syndicat constitué qui l'avait demandé. Les résultats des fouilles étaient tels que l'impression du délégué de l'administration a été aussi favorable que possible. Il a néanmoins demandé que les travaux fussent poussés encore de quelques mètres, ce dont on s'était abstenu, vu qu'on touchait au tréfonds communal. On s'est mis aussitôt à l'œuvre, la commune ayant donné l'autorisation de faire les fouilles sur les terrains communaux. Cette concession semble acquise au *Syndicat,* dont les titres acquerront de ce fait une très réelle valeur.

Société des Dragages aurifères de la Guyane française.

« Placer Sur-Saut, 23 avril 1900. »

« *Monsieur l'Administrateur délégué de la Compagnie des Dragages aurifères de la Guyane française.*

« Monsieur,

« J'ai l'honneur de vous accuser réception de votre lettre du 8 mars, et vous confirme mon cablogramme.

« *Dragages-Paris actions, 3000, Adage*

« J'adresse la Comptabilité et les documents demandés; M. Manguer étant malade, je fais suivre ces plis directement.

« *J'expédie par canot à M. Manguer 2 kilos d'or;* vous trouverez le détail dans l'état des productions.

« La pluie est très violente, les marécages sont inondés, il a fallu augmenter le nombre des charroyeurs de bois pour la chaudière, ainsi que ceux chargés du ravitaillement du placer, à cause des difficultés du terrain détrempé par les grosses pluies que nous subissons...

« Le lundi de Pâques, nous avons démonté les tubes de la chaudière pour les nettoyer; la cheminée a été ramonée, puis nous avons refait tous les joints de la chaudière. Nous faisons tout ce qu'il est possible de faire pour atténuer la faiblesse de la chaudière, qui se compose de 44 tubes de 83 $^{m/m}$ de diamètre et de 2,70 de longueur avec un tout petit réservoir de vapeur sans surchauffeur. Nous avons donc : 0,085 × 2 × 44 × 2,70 = 30,888 de surface de chauffe, mais en réalité il n'y a que les 2/3 de cette surface en contact avec les flammes.

« Comment voulez-vous qu'un générateur avec des bois comme combustible puisse fournir la vapeur ;

« 1° A la machine actionnant la drague et le tromel ;

« 2° A la machine à allure rapide actionnant la pompe et élevant l'eau à 7 m. de hauteur;

« 3° Au treuil à vapeur qui relève l'élinde, fait les mouvements de papillonnage, enlève les bois, monte les piquets;

« 4° A la pompe Wortington servant à la désagrégation des produits.

« Lorsque la drague travaille dans les terrains meubles, le générateur tient la pression un peu plus longtemps, mais aussitôt qu'elle attrape la couche, la pression tombe rapidement.

« La couche qu'on travaille en Guyane est une sorte d'agrégat de sables et de graviers plus ou moins gros réunis entre eux par l'argile. Cet agrégat offre une résistance assez grande au moment de l'extraction.

« J'ai écrit à M. Manguer de m'envoyer une personne honorable me remplacer en attendant votre directeur. Malheureusement, M. Manguer est au lit, malade, et n'a pu s'en occuper. Ce fâcheux contretemps m'oblige, malgré mon état de fatigue, à rester sur le placer. Franz doit descendre prochainement, j'ai demandé un mécanicien pour le mettre au courant. Je resterai à Sur-Saut jusqu'à fin mai, j'espère que quelqu'un viendra me remplacer de France ou de Cayenne.

« *Je pense produire 4 kilos ce mois-ci du 15 avril au 15 mai. Si nous avions une chaudière, nous produirions 7 à 8 kilos par mois. Le générateur serait payé en un mois.*

« Je compte prendre le courrier du 3 juin à Cayenne ou l'anglais dans la première quinzaine de juin et rentrer en France me soigner.

« Pour la bonne marche de votre appareil, il sera utile d'envoyer à mon successeur : (Suit l'énumération de divers objets.)

« Agréez, etc. »

Panorama de Rome. — J'ai envoyé une *Circulaire* et une *Notice* sur cette entreprise qui se recommande par son caractère à la fois RELIGIEUX et artistique;

Ce n'est pas du futur plus ou moins lointain, c'est en quelque sorte du PRÉSENT ; la chose existe déjà presque complètement, elle s'achève. Le PANORAMA DE ROME est déjà installé et va s'ouvrir, rue Jean-Goujon, près de la Chapelle expiatoire, à côté de la porte d'entrée de l'Exposition, dont ce sera une des plus belles attractions ; et il n'y en aura pas de plus saine ni de plus morale.

L'AVANTAGE FINANCIER ressort ainsi de la Notice officielle :

Il y a DIX MILLE TITRES à RÉMUNÉRER.

La Société compte sur un chiffre de quinze cent mille à dix-huit cent mille entrées à Un franc, soit une recette nette de tous frais d'au moins DOUZE CENT MILLE FRANCS, permettant de distribuer un dividende de 125 francs par chaque titre ; ce bénéfice pourra être distribué de deux mois en deux mois, par acomptes de 25 ou 30 francs pendant la durée de l'Exposition.

Ensuite, le PANORAMA DE ROME, étant DÉMONTABLE et TRANSPORTABLE, fera, après l'Exposition, le tour de France d'abord ; puis le tour de l'Europe, assurant ainsi pour de longues années de sérieux dividendes aux intéressés.

On m'a offert un lot de titres pour mes souscripteurs. J'ai cru devoir accepter à cause des diverses considérations qui recommandent l'affaire et surtout parce que le PANORAMA DE ROME, étant à la veille de sa terminaison, ne présente plus que des chances de succès.

Il me reste encore des titres qu'on peut me demander au prix indiqué, 125 francs l'un.

Il est urgent de souscrire sans retard ; je ne pourrai pas donner comme à l'ordinaire de grandes facilités pour régler le montant de la souscription. Je vous prierai de payer au moins la moitié comptant soit en m'envoyant les fonds (par chèque, billets de banque ou mandat de poste) ou de m'autoriser à faire TRAITE A VUE ; et à régler le surplus par TRAITE ACCEPTÉE à fin juillet au plus tard.

LE TITRE EST TOUT PRÊT; VOUS LE RECEVREZ CONTRE SOUSCRIPTION, même avant de payer si vous le désirez.

Ces parts seront aussi données en PRIME de prêts pour le FONDS DE ROULEMENT dans les conditions avec les délais ordinaires stipulés dans BULLETIN TRIMESTRIEL.

Salines et mines de l'Altar et Dry Washing. — Comme l'Assemblée générale a lieu le 20 juin, ce que je dirais ici serait prématuré ; il vaut mieux attendre les renseignements officiels, qui seront reproduits dans le *Bulletin mensuel* de juillet.

Guyane Hollandaise. — Au moment de mettre sous presse, nous avons demandé les productions depuis le mois de février, que contenait le *Bulletin* de mars ; l'administrateur délégué nous a répondu en date du 9 juin 1900 :

« En réponse à votre lettre du 6 courant nous avons l'honneur de vous informer que les productions de la Compagnie des mines d'or de la Guyane Hollandaise ont été pour :

Mars de 24 k. 600 g.
Avril » 21
Mai » 27.600

« L'exploitation se poursuit d'une façon très satisfaisante. »

Il serait bon maintenant de savoir quand on commencera la distribution des dividendes ; je le demanderai à l'Administration pour le *Bulletin mensuel* de juillet.

Avis important. — 1° Il y a une foule de petits journaux financiers, et même des bulletins financiers de journaux politiques, dont chacun a sa banque de spéculation et par suite déprécie les valeurs des autres et vante les siennes. On doit donc se défier de ces conseils intéressés.

2° D'autres emploient le *chantage*, font des pamphlets, des personnalités, pour arriver aux mêmes fins. Il faut passer son chemin sans y faire attention.

3° Il y a des pirates qui, pour mieux les spolier, offrent aux actionnaires d'entrer dans des comités de *défense*, de leur confier leurs intérêts et leurs titres. Ce sont des relations dangereuses à éviter.

Deux lettres. — Parmi les nombreuses lettres de félicitations et d'encouragement que j'ai reçues depuis le dernier *Bulletin trimestriel*, je détache les deux suivantes :

M...... 4 avril 1900.

Monseigneur,

J'ai l'honneur de vous adresser un bulletin de sous-cription de...... francs pour le *fonds de roulement*. Je suis heureux de pouvoir contribuer à la diffusion de votre grand Dictionnaire, précieux trésor dont la Science, l'Église et la Vérité vous remercient d'avoir enrichi votre pays.

J. E...

A...... le 7 juin 1900. »

Monseigneur,

Vous voudrez bien m'excuser du retard apporté à vous accuser réception de votre envoi.

Pour vous couvrir des frais d'envoi par lettre recommandée, vous trouverez ci-joint des timbres-poste de 0 fr. 45.

Vous avez droit Monseigneur à tous mes humbles remerciements pour tout l'intérêt que vous apportez pour vous rendre utile et agréable à tous vos anciens souscripteurs. Je vous remercie tout particulièrement des bons et sincères renseignements contenus dans votre lettre datée du 11 mai écoulé. Je suis persuadé aussi que, par votre haute intervention, toute de dévouement et d'intérêt pour vos premiers souscripteurs, vous continuerez pendant de longues années à nous tenir au courant de la marche et des résultats obtenus des différentes mines auxquelles vous nous avez intéressés. »

Je vous saurais toujours bien gré de me tenir au courant des affaires qui m'intéressent.

Excusez-moi de vous entretenir trop souvent et trop longuement sur ces industries minières : vous me pardonnerez de mon impatience à ce sujet et, daignez agréer, Monseigneur, l'assurance de mon profond respect.

C. B...

CONCLUSION

C'est après un examen sérieux et en connaissance de cause, dans leur propre intérêt comme dans celui de mon œuvre, que je fais à mes souscripteurs les diverses propositions exposées dans le *Bulletin trimestriel*.

Vous m'obligerez en me faisant savoir, à la première occasion, si vous êtes disposé, dans un moment donné, à y adhérer ; en demandant, au besoin, des renseignements à ce sujet, et en faisant toutes observations que vous croirez utiles.

Comptant sur la continuation de votre précieux concours, pour la prospérité toujours croissante, grâce à vous, d'une œuvre qui est vôtre sous tous les rapports, je vous prie d'agréer, chers et honorés Souscripteurs, l'expression de ma vive gratitude et de mes sentiments distingués.

Paul GUÉRIN,
Protonotaire apostolique *a.-i.-p.*, Prélat de la Maison du Pape,
Directeur du *Dictionnaire des Dictionnaires.*

Châteauroux. — Impr. et Stéréot. A. MAJESTÉ ET L. BOUCHARDEAU, A. MELLOTTÉE, successeur.

BULLETIN TRIMESTRIEL

DICTIONNAIRE DES DICTIONNAIRES

NOUVEAU DICTIONNAIRE DES DICTIONNAIRES ILLUSTRÉ

DIRECTION
19 (ancien 56), avenue de Déols, CHATEAUROUX

SUPPLÉMENT MENSUEL

42ᵉ Circulaire. — *Juillet 1900.*

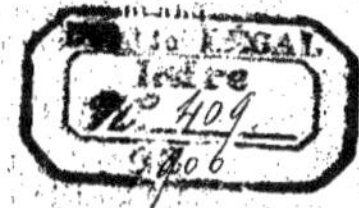

OBJET DU BULLETIN MENSUEL

Sur le désir exprimé par un assez grand nombre de souscripteurs, le bulletin mensuel paraîtra désormais chaque mois; je ne puis pas indiquer une date fixe, car l'objet du bulletin n'est pas de parler sur chaque chose quand même il n'y aurait rien à dire, mais bien de mettre sous les yeux du lecteur les renseignements *nouveaux* depuis les derniers communiqués. Il peut se faire qu'une Assemblée générale, par exemple, ayant lieu le 20 du mois, le bulletin paraîtrait sans utilité le 10 ou le 15. On ne s'étonnera donc pas si, dans chaque bulletin, il n'est pas question de toutes les valeurs, inutile de mentionner celles sur lesquelles il n'y a rien à dire de nouveau depuis le dernier bulletin. Il vaut mieux les réserver pour le mois prochain et donner plus de développement à celles pour lesquelles des informations récentes sont en notre possession. L'ensemble des bulletins renseignera sur toutes les valeurs sans qu'aucun parle de toutes à la fois.

Ne passons pas notre temps à réfuter les objections ou récriminations de telle ou telle feuille financière sans autorité, qui s'immisce dans tout pour des motifs peu louables, jamais dans l'intérêt des actionnaires; bornons-nous à donner des nouvelles positives, consciencieuses, qui permettent aux personnes sérieuses de se former elles-mêmes une conviction indépendante; c'est ainsi qu'arrivera nécessairement le triomphe de la vérité et des intérêts de ceux qui ne se seront pas laissé ébranler.

DRAGAGES AURIFÈRES DE LA GUYANE FRANÇAISE

L'Assemblée générale extraordinaire de la Société des Dragages aurifères de la Guyane française a eu lieu le samedi 30 juin dernier. L'objet de cette Assemblée était de demander l'autorisation d'émettre 550.000 francs d'obligations; le projet a été voté à l'unanimité.

Le baron Herre Wyn a pris la parole pour expliquer que l'augmentation du capital demandée sous forme d'obligations, pour ne pas imposer aux premiers actionnaires un sacrifice nouveau, était nécessitée non pas par le besoin actuel et immédiat de la marche qui, à la rigueur, pouvait se suffire à elle-même, mais par le désir de donner plus de sécurité à l'avenir et d'arriver à une plus grande production. Voici le sommaire de son exposé.

La drague, malgré le mauvais état de sa chaudière qui avait été construite pour brûler de la houille tandis que nous n'avons que du bois à notre disposition, produit actuellement quatre kilos d'or par mois en terrain pauvre. Le simple remplacement de la chaudière doublerait immédiatement la production dans ce même terrain. Le conseil d'administration déjà avant l'assemblée avait donné mission au baron Herre Wyn d'aller voir les constructeurs en Hollande pour le remplacement de la chaudière. Les frais devaient se monter à une quinzaine de mille francs; le baron Herre Wyn a obtenu des constructeurs en leur faisant comprendre leur part de responsabilité dans l'erreur commise, une réduction de 6.000 francs, ce qui réduit à 9.000 francs le prix de la chaudière nouvelle qui a été aussitôt commandée.

Comme deuxième moyen de développement de l'entreprise, on a décidé qu'une deuxième drague était nécessaire et serait placée dans les nouvelles concessions qui ont considérablement augmenté le domaine de la propriété. En attendant, l'ancienne drague s'avance tout doucement vers les terrains riches et il est à prévoir que lorsque la chaudière nouvelle sera arrivée et mise en place, ce qui occasionnera seulement trois ou quatre jours d'arrêt dans les travaux, on aura atteint la zone riche et que la production de 8 kilos d'or soit environ 25.000 francs par mois prévue depuis longtemps, sera largement dépassée.

Mᵐᵉ Romieu, la concessionnaire des mines qui en a fait apport à la société était présente à l'assemblée. Un membre ayant demandé ce qu'on prévoyait pour l'avenir lorsque la première drague serait réparée et travaillerait en terrain riche et lorsque la deuxième drague, plus perfectionnée, travaillerait également sur les nouvelles concessions, quel résultat on pouvait prévoir, les initiés ont été d'accord pour répondre que les prévisions officiellement données leur paraissaient beaucoup en dessous de la vérité et qu'ils n'osaient exprimer en chiffres leurs espérances fondées, de peur d'être taxés d'exagération.

Nous savons d'autre part que les obligations seront émises au type de 100 francs 5 0/0 avec une bonification de 8 francs par titre et amortissables dans un court délai. Elles seront émises seulement au fur et à mesure des besoins de la Société, besoins, comme il a été dit, uniquement provoqués par le dessein de produire davantage, en augmentant le nombre des dragues.

SALINES ET MINES DE L'ALTAR

Dès le début les études faites sur les concessions de la Société ont établi qu'il y avait trois sortes de richesses à exploiter ; 1° les sels et les soudes ; 2° les mines d'or ; 3° les graviers aurifères (placers). La société a cru devoir débuter par les mines d'or ; le manque de communication autrement que par les chemins de fer américains avec des droits de douane énormes rendant impossible alors l'exploitation des sels et des soudes, elle attendait qu'un chemin de fer fût créé qui permit de relier Mexico à l'Océan Pacifique. Ce chemin de fer devait être fait dans l'espace de deux ans, mais, contrairement à toute espérance, les travaux de construction de ce chemin de fer par l'Etat Mexicain n'ont guère avancé. Ces délais imprévus risquaient de compromettre l'avenir des salines. La société cependant ne s'est pas découragée. Les événements récents sont venus la favoriser sous ce rapport. Ce qu'on appelle un « boom » s'est produit tout à coup en Amérique pour la Californie Mexicaine dont l'Altar fait géologiquement partie. L'attention américaine étant ainsi éveillée sur toutes les richesses très diverses de cette contrée essentiellement minière, richesses signalées dans un rapport de l'ingénieur, M. Luce, que nous avons reproduit il y a quelque temps, un groupe très sérieux a jeté son dévolu sur les sels et les soudes de la Société de l'Altar et a fait des propositions d'achat très avantageuses. En dehors du prix d'achat représenté par des espèces et des titres, le groupe américain donnerait une redevance fixe par tonne de sel recueillie. Les obstacles de transport et de douane qui existaient pour la société française de l'Altar n'existeront pas pour les exploitants américains.

Le Conseil d'administration de l'Altar vient d'accepter l'offre en principe et a envoyé ses pouvoirs à Mexico pour traiter l'affaire qui serait signée définitivement à New-York aussitôt toutes les formalités remplies avec la loi mexicaine, l'ingénieur des mines de l'Etat de Sonora, M. Villasenor étant dès aujourd'hui à la disposition des parties contractantes. C'est M. Villasenor qui est l'auteur du rapport sur les salines qui a été mis sous vos yeux dès le début de la formation de la société.

Cette communication est arrivée trop tard pour pouvoir être faite aux actionnaires appelés en assemblée générale le 20 juin, assemblée qui du reste s'est trouvée nulle faute de nombre. La date de la nouvelle assemblée qui doit avoir lieu d'après la loi à défaut de celle du 20 juin, quel que soit le nombre de voix représentées, n'a pas encore été fixée.

GÉLON

L'assemblée générale ordinaire qui devait avoir lieu le 27 juin dernier a été faute de nombre, renvoyée à une date qui sera ultérieurement fixée. En attendant les travaux continuent.

BANQUE FRANÇAISE D'ÉMISSION

La transformation depuis si longtemps annoncée se fait encore attendre. De pressantes démarches sont faites par les intéressés pour hâter la solution qui aurait lieu d'un jour à l'autre.

ANTHRACITES DE SAINT-MARTIN DE BELLEVILLE ET MONTAGNY

Par suite de l'autorisation de fouilles accordée par la commune de Montagny sur ses terrains, la galerie de 52 mètres creusée sur les terrains du Syndicat et examinée par l'ingénieur des mines a pu être continuée immédiatement, sur son désir, dans le terrain communal qu'elle touchait. Le Syndicat vient d'être informé par une dépêche de son ingénieur que la galerie a été déjà prolongée de 17 mètres en bon terrain et les travaux y continuent.

GUYANE HOLLANDAISE

Bien que le dernier exercice ait produit des bénéfices appréciables et que l'exploitation se poursuive d'une façon très satisfaisante, le Conseil d'administration ne paraît pas disposé cette année encore à distribuer les dividendes, il se propose d'augmenter la réserve. Cette méthode peut ne pas plaire à tout le monde ; ce sera aux actionnaires à faire leurs observations à ce sujet à la prochaine assemblée générale.

HAVEUSE GAY

Les dernières expériences ont donné de très beaux résultats. M. Gay est parvenu à extraire du milieu de la roche en pleine carrière des fûts de colonne qui avaient à peine besoin d'être retouchés. De tous les côtés, des carriers arrivent sur place pour constater ces résultats extraordinaires qui sont appelés à transformer leur industrie. Tous les essais jusqu'ici ont cependant été faits avec des machines très imparfaites, l'inventeur ayant négligé le côté mécanique pour s'occuper uniquement de démontrer la valeur de son *abrasif* qui entame le roc sans aucune difficulté. Actuellement on s'occupe de faire construire une machine nouvelle et perfectionnée sur laquelle sera adapté l'*abrasif* de M. Gay. Cette machine sera d'un type qu'on pourra livrer aux industriels de la partie.

Rappelons comme nous l'avons annoncé il y a quelques jours, *qu'une part de 5.000 francs est devenue disponible*. Elle serait payable à trois et six mois. Si quelque souscripteur désire profiter de cette exellente occasion, il voudra bien m'en aviser sans retard.

PANORAMA DE ROME

Prière de se reporter au *Bulletin trimestriel* de *juin*.

UNE CONFUSION

Quelques petites feuilles financières ont publié des listes de valeurs émises par un établissement financier qu'elles critiquent et me font un crime d'avoir participé à la propagande de ces valeurs. Il y a là une confusion que tous les lecteurs du *Bulletin trimestriel* sont à même de constater. En effet dans cette liste se trouvent les valeurs suivantes : *Automobiles Henriod, Brasserie de Vittel, Novo Pavlovka, Comptoirs réunis d'Importation et d'Exportation, Carrières d'Alainville, Girard et Cie* ; dont je ne me suis jamais occupé d'aucune façon. Quant aux *Dragages aurifères de la Guyane française* et aux *Plombs et Cuivre argentifère du Gélon*, je connaissais *ces deux affaires*, j'étais lié avec les propriétaires et apporteurs avant l'existence de la Banque qui a fait l'émission et c'est pourquoi je m'en suis occupé.

A l'inverse, la Banque en question n'a jamais eu à s'occuper ni de l'*Altar*, ni des *Anthracites de St-Martin de Belleville.*

A la longue et en définitive mes souscripteurs s'apercevront, s'ils ne s'en aperçoivent pas déjà, que les quelques valeurs industrielles que je leur ai signalées sont excellentes au fond et sont destinées à donner de sérieux résultats à ceux qui auront la patience d'attendre. Je puis même ajouter que le succès d'une seule, ce qui maintenant ne peut tarder beaucoup, suffirait pour dédommager et rémunérer largement pour le tout, en attendant la réussite des autres.

CONCLUSION

Il me reste encore un petit lot des valeurs industrielles recommandées dans le *Bulletin trimestriel* que je céderai au pair à mes souscripteurs ou que je donnerai comme prime gratuite pour le fonds de roulement du *Dictionnaire des Dictionnaires*. Quant à la *Haveuse Gay* je rappelle que j'ai obtenu pour mes amis des parts qui ont été enlevées de suite au prix de 5.000 francs. On m'en a cédé en plus deux pour mon œuvre en m'autorisant à les diviser en 25 parties chacune ; chaque 25e de part donnera donc droit au 1250e de la propriété et des revenus ; la part étant de 5000 francs, le 25e serait de 200 fr.

Je destine exclusivement chacune de ces fractions (25e de part) à servir de prime gratuite (200 francs) à un prêt de 2.000 francs pour le fonds de roulement du DICTIONNAIRE DES DICTIONNAIRES. *Des facilités et délais sont accordés pour le paiement des 2.000 francs par coupures si on le désire.*

Paul GUÉRIN.

Châteauroux. — Impr. et Stéréot. A. MAJESTÉ ET L. BOUCHARDEAU. A. MELLOTTÉE, successeur.

PANORAMA DE ROME

Prière de se reporter au Bulletin financier et de join...

UNE CONCLUSION

Quelques petites feuilles financières ont publié des listes de valeurs émises par un établissement financier qu'elles qualifient... de me faut un crime d'avoir participé à la propagande de ces valeurs. Il y a là une contradiction, car tous les feuilles qui y font chasse ici sont à l'ordre du moustier. En effet, dans cette liste se trouvent les valeurs suivantes: Automobiles Mantard, Dirigeable de Flora, Vosey, Baby, Comptoirs réunis d'importation et d'exportation, Graisses d'Anianville, Tissard et C°; dont je ne me suis jamais occupé. L'absence enfin, quant aux Maquoya, aux Bres de la Capsa, journaux et aux Plombs et Cuivre, organisées du Gebas, je connaissais ces diverses valeurs. Jamais ils n'ont été propriétaires et d'opportuns; c'vant l'existence de la banque qui a fait l'émission et c'est pourquoi je m'en suis occupé.

A l'inverse, la Banque en question n'a jamais eu à s'occuper de l'Union, ni des Antharacites de St-Martin de Valfesalle.

A la longue et en définitive ces malentendeurs s'apercevront, s'ils s'en aperçoivent pas déjà, que les quelques valeurs industrielles que je leur ai signalées

CONCLUSION

Il me reste encore au public les valeurs des actuels... reconnues dans les la réalité... de la loi... celui qui pour les actions gratuites, com-me celles qu'on lançaient des Messageries de Novarra, ayant réuni dans la Messine six multiples que ...opère pour une soumission des actionnaires de ses un prix de 5,000 fr. On émet ainsi 500 actions d'un pour trois sou, envoyé au glas fortuné, dix à diviser en six parts chacune; chacune rapportant à son propriétaire 18 fr. et demi... rapporté le prix total de 300 francs, soit de 350 fr.

Je signale avec l'espoir d'épargner à bien des gens de cruelles déceptions.

...un profit de 5,000 francs comme suit: en...Bienvenu et au Directeur du Journal qui c'est sont assuré le profit le premier en...par acquit et on la Caisse.

RUTTI-DANI

AUX SOUSCRIPTEURS PRIVILÉGIÉS
du
DICTIONNAIRE DES DICTIONNAIRES

43ᵉ Circulaire. — Décembre 1900

LA BIBLE

On trouvera ci-inclus la *préface*, l'*avertissement* et le *prospectus*, sur papier bleu-vert; nous prions vivement tous ceux qui nous liront d'en prendre connaissance. Maintenant que le premier volume a paru, à la grande satisfaction des premiers souscripteurs, qui nous écrivent combien ils ont été enchantés, maintenant que les deux autres volumes sont sous presse pour paraître rapidement, je [illegible] mes [illegible] les souscripteurs à l'exécution définitive du grand projet dont je les ai souvent entretenus (projet qui fait partie de mon œuvre): la *diffusion de la Bible*.

Que de *millions* les protestants anglais ne donnent-ils pas pour propager leurs *bibles hérétiques*, pouvons-nous rester indifférents en présence d'une telle propagande? Unissons-nous donc pour employer un des moyens de *propagation* de la foi à l'intérieur: répandons la Bible, telle que l'Église en est gardienne et l'interprète. Que chacun de mes souscripteurs s'enrôle dans cette croisade; qu'il s'inscrive lui-même et fasse souscrire autour de lui. En donnant 30 fr. (au lieu de 36) versés d'avance [illegible] l'œuvre et on reçoit de suite le premier volume et on a droit à recevoir les autres dès leur apparition. Prière instante de m'envoyer de suite 30 fr. en mandat-poste pour contribuer au succès immédiat de cette œuvre de propagande par excellence.

DICTIONNAIRE DES DICTIONNAIRES

J'ai réuni également dans un prospectus spécial, imprimé pour [illegible], sur papier bleu-vert, tout ce qui concerne le *Dictionnaire des Dictionnaires*, 4ᵉ édition, [illegible] avec les moyens d'en faire l'acquisition et de le répandre.

[illegible] le Saigneur (6 janvier 1901) vient de pu[blier] sous le titre *L'œuvre encyclopédique*, un article [qu'il n'est] pas inutile de reproduire, le voici en[tier]:

ŒUVRE ENCYCLOPÉDIQUE

«La grande impression rapportée de l'Exposition par les gens intelligents qui l'ont visitée [illegible] les connaissances humaines s'étendent tellement [illegible] qu'il est impossible à un seul esprit, [illegible] de les embrasser toutes, mais même d'en avoir une idée suffisante.

Plus que jamais, donc, nous sentons le besoin d'avoir un bon dictionnaire sous la main.

Nous, catholiques, nous avons aussi besoin d'un livre de jugement sain qui donne la vraie philosophie chrétienne des choses et des faits.

C'est à cela qu'a travaillé *Mgr Guérin*, dans son *Dictionnaire des Dictionnaires*.

Il est une chose qui m'a toujours parue curieuse, c'est que les ecclésiastiques se sont souvent montrés sévères pour ce travail.

Ils aiment à lui opposer le nouveau *Larousse*. Mais *Larousse*, même avec un prêtre pour rédiger les articles ecclésiastiques, sera toujours *Larousse* et on sait ce que cela veut dire.

On reproche au dictionnaire de Mgr Guérin d'avoir des articles trop développés, d'autres trop courts.

Ne serait-ce pas la faute individuelle des lecteurs et non celle des auteurs?

Le théologien trouvera que le résumé de l'article théologique ne lui apprend rien, comme le médecin trouvera que tel article médical ne redit que ce qu'il sait déjà.

C'est qu'un dictionnaire n'est pas fait pour les spécialistes, mais bien pour le public ou pour ceux qui veulent s'initier à une science qu'ils n'ont pas approfondie.

Ce n'est pas un traité complet de chaque chose, c'est un aperçu multiple sur des connaissances variées.

On ne peut contenter tout le monde [illegible] l'encyclopédie.

Mais serons-nous nous-mêmes de [illegible] la saine vulgarisation et favorisons [illegible]»

[...] fait de zèle des catholiques et plusieurs membres du clergé manquent de [...] de flair pour découvrir le venin caché [...] pour ce qui vient de l'ennemi, ou de [...] pour le repousser et accepter, favoriser [...] ce qui est catholique. C'est grâce à [...] l'indifférence des catholiques que la franc-maçonnerie a pu poursuivre tranquillement son œuvre de déchristianisation de la France. Quand un jour bien préparé éclate, nous sommes réveillés en sursaut, trop tard. Lorsque paraîtront ces lignes nous serons en pleine discussion *du projet de loi sur les associations*, c'est-à-dire contre les congrégations religieuses. Nous commençons à comprendre, à nous épouvanter surtout depuis les magnifiques avertissements du Saint-Père. Avec plus de vigilance et de préoccupation nous saurions depuis longtemps que ce projet de loi a été *revu et corrigé par les loges* dès **1882**.

Avec plus de zèle nous encouragerions exclusivement ce qui est foncièrement catholique, et repousserions ce qui laisse à désirer sous ce rapport, surtout ce qui de près ou de loin émane de la franc-maçonnerie.

J'espère que la voix de la *Croix de Saumur*, qui exprime d'ailleurs l'opinion de beaucoup de mes zélateurs, sera entendue et que de diverses façons on voudra bien concourir à la terminaison et à la diffusion du *Dictionnaire des Dictionnaires* le seul vraiment chrétien et le plus complet, magnifiquement illustré de *vingt mille gravures*.

Le prix des 8 vol. illustrés brochés est de 85 fr. Je donnerai les 8 vol. comme prime gratuite d'un prêt de 1500 fr. à 5 0/0 pendant 5 ans pour le fond de roulement de mon œuvre et surtout du *Dictionnaires des Dictionnaires*. Ce mode d'acquisition est très avantageux pour le souscripteur et pour l'œuvre.

FONDS DE ROULEMENT

Je vous recommande de nouveau, en vous priant de la faire connaître à vos amis, la circulaire *couleur brique*, relative au *Fonds de roulement* : j'en ai modifié la rédaction pour mieux en marquer le caractère moral.

C'est le moyen le plus efficace de favoriser mon œuvre.

J'offre un avantage tout spécial à ceux des souscripteurs privilégiés dont le montant de la souscription n'est pas entièrement reconstitué : c'est de faire entrer en ligne de compte, avec la proportion de 18 0/0, dans le prêt qu'ils feraient, le restant du montant de leur souscription privilégiée.

ALTAR

Nos lecteurs savent que des négociations sont pendantes entre la société de l'Altar et un groupe étranger qui désire acheter l'exploitation du *sel* et de la *soude*. Cette vente assurerait pour longtemps les revenus de l'Altar, de ce seul chef, et donnerait en outre les ressources dont la Société manque pour ses autres exploitations.

[...] que la négociation tra[...] gueur parce que sans doute la Société [...] assez de fonds disponibles pour l'activer, que les actionnaires très riches ont offert de prendre l'af-faire à leur compte moyennant une commission de [...] sur le marché : ils s'engageaient à envoyer à leurs frais un ingénieur pour tout vérifier et signer le contrat de vente avec le groupe étranger en cas d'accord ; sinon les actionnaires en question achèteront pour leur compte l'exploitation du [sel] et de la soude et marcheront à leurs risques et périls comme fermiers. La Société n'aura qu'à toucher les bénéfices. Ajoutons que ces actionnaires ont envoyé sur place leur ingénieur il y a environ trois semaines.

N.-B. — Le siège de la société est transféré du numéro 20, Boulevard des Capucines, à [...]

DRY WASHING

Le marché dont il vient d'être question pour l'Altar profitera indirectement à la Dry, les deux sociétés étant liées.

Mais nous ne devons pas dissimuler que cette société filiale de l'Altar manque de vitalité, car elle n'a placé qu'un nombre insignifiant de ses titres ; elle n'a donc pu remplir le rôle sur lequel l'Altar comptait, qui était d'apporter de nouveaux capitaux pour l'exploitation des placers. Si donc la négociation relative aux sels et soudes réussit comme c'est aujourd'hui probable, c'est là que l'Altar trouvera les ressources qui lui sont nécessaires, et dans ce cas l'intérêt de l'Altar serait tout indiqué, et nous savons que c'est son intention [...] absorberait la Dry Washing et exploiterait les placers pour son compte.

DRAGAGES AURIFÈRES

Deux assemblées générales ont eu lieu, elles avaient pour but d'aviser, en présence de l'insuffisance du capital actions, pour mener l'affaire à bonne fin.

Un ingénieur a offert de draguer à ses frais sur la concession de la Société, moyennant un tant pour cent dans les produits. Cette solution a paru bonne en la circonstance puisqu'elle assure la marche de la Société, sans frais ni risques pour celle-ci, qui n'aura qu'à toucher des bénéfices *nets* (réduits naturellement). Rien n'est encore décidé ; une réunion va avoir lieu pour conclure.

GÉLON

Nous avons donné dans le *Bulletin Mensuel* de novembre, l'état précis des travaux préparatoires, on compte commencer au printemps l'*exploitation industrielle*.

ALLOUE ET AMBERNAC

Nous avons dit que la Société anglaise qui a acheté à 17.500 francs les parts de 5.000 francs d'*Alloue et Ambernac* paiera moitié espèces, soit 8.750 francs, et moitié en ses propres actions. L'exécution doit avoir lieu avant fin mars. Parmi les heureux souscripteurs de ces parts de 5.000 francs remboursables à 17.500 plusieurs m'ont écrit qu'ils [...]

[...] l'article suivant du *Bourguignon* [...]

ON DEMANDE DES OUVRIERS

Depuis l'invention récente, qui permet de traiter de façon économique et avantageuse les minerais mixtes du zinc et du plomb, l'industrie minière française prend un magnifique essor en ce qui concerne ces deux métaux. On doit s'en réjouir, parce que beaucoup d'ouvriers actuellement sans ouvrage trouveront de ce côté un travail rémunérateur.

Ainsi nous apprenons qu'une Compagnie anglo-française « La British Sulphides Smelting Cⁱ Ld » — dont le siège social se trouve 17, rue Drouot, à Paris — recherche, en ce moment de bons ouvriers mineurs.

Il lui en faut environ quatre cents. C'est un joli nombre !

La Compagnie en question va, en effet, construire deux usines importantes, l'une à Anduze (Gard) et l'autre à Marseille pour y travailler, d'après le procédé Ellershausen, les minerais mixtes du plomb et du zinc.

C'est pour ses mines du Gard que la Compagnie demande des ouvriers.

Les ouvriers mineurs, qui désireraient s'embaucher, n'ont qu'à s'adresser à M. A. Chauvet, à Tornac, par Anduze (Gard).

On ne peut éprouver qu'un vif plaisir en voyant se développer une branche du travail national. Les prolétaires y trouvent de la besogne ; le commerce y gagne et la prospérité générale de la France s'accroît. »

HAVEUSE GAY

Nous avons deux gravures photographiques représentant le travail soit *rectiligne*, soit *circulaire* de la Haveuse dans la roche. Nous les enverrons franco à ceux qui en feront la demande avec envoi de 0 fr. 50 en timbres-poste. On pourra remarquer dans le rapport de l'ingénieur, M. Rostan, sur les Anthracites des *Allues* qu'il conseille l'emploi d'une *Haveuse*. Une machine industrielle est en construction depuis quelques mois pour un gros carrier et servira après expérience de modèle pratique pour les autres demandes déjà nombreuses.

ANTHRACITES

Un ingénieur appelé pour examiner les travaux exécutés par l'ingénieur de la Cⁱᵉ, a fait un rapport très concluant, que l'on trouvera ici encarté ; il constate que le terrain houiller sur lequel sont les travaux *est très riche en couches anthracifères* ; ces couches lui semblent *nombreuses* sur la concession demandée à Montagny, dont la superficie est d'environ *500 hectares*, il décrit les qualités de l'anthracite qu'on y extrait, qui *se tient excessivement bien au feu*, et ne s'y effrite pas et n'a que *8 à 15 0/0 de cendres*, c'est de très *beau charbon sans nerf, dur, brillant*.

Il évalue le prix de revient de 6 à 8 fr. la tonne, le transport à la gare de Moutiers de 1 à 2 fr., on peut évaluer de 5 à 10 fr. le transport par chemin de fer de Moutiers aux diverses villes Grenoble,

[...] faisant ressortir un *bénéfice net* de [...] par tonne.

La première année d'exploitation, l'O[...] jour × 300 jours × 20 fr. = 600.000 francs [...] tribuer à 12.000 parts de 100 francs soit un dividende de 50 francs par part de 100 francs.

Chaque année il y aura une progression considérable par l'extraction par jour de *deux cents tonnes, trois cents tonnes*, etc. Qui connaît l'histoire des principales mines de charbonnage, ne sera point étonné de pareils résultats.

Quant aux débouchés c'est une question pour longtemps tranchée d'avance ; les consommateurs français manquant annuellement de *douze millions de tonnes* de charbon, car ils consomment 45 millions de tonnes de houille et la production française ne peut actuellement leur en fournir que 33 millions de tonnes ; ils sont donc obligés de s'adresser à l'étranger. Donc toute production française est vendue d'avance ; notre syndicat a déjà reçu des offres pour toute sa production quelle qu'elle puisse être. On considère l'année 1901 comme devant être déjà une année de production.

Il reste, attachés à la souche, un nombre assez considérable de titres dont le placement avait été différé, comme étant sans cause immédiate. Mais en raison du développement pris par les travaux préparatoires et à la veille de l'exploitation industrielle, le Syndicat a jugé à propos de reprendre l'émission.

J'ai demandé la priorité pour mes souscripteurs, à qui je crois être agréable, croyant servir leurs intérêts, en les mettant à même de saisir au passage cette excellente occasion ; car d'après les renseignements ci-dessus et le rapport de l'ingénieur, vous avez là, à votre portée, des avantages incontestables et à l'heure où nous sommes, très prochains, c'est pourquoi je désirerais vivement voir en profiter tous ceux qui ont rendu service à mon œuvre, toutefois après qu'ils se seront formés une opinion indépendante.

Souscription. — Vous n'avez pas de bulletin de souscription à signer ; il suffit d'écrire que vous êtes acheteur de tant de parts du Syndicat des anthracites de Saint-Martin-de-Belleville au pair, c'est à dire 100 francs l'une.

Pour cette souscription il vous sera donné de grandes facilités c'est-à-dire, si vous n'avez pas de fonds disponibles en ce moment la faculté de régler le montant de votre achat par des traites acceptées de 2 à 6 mois, (1/3 à 2 mois et le reste échelonné au gré du souscripteur).

Ces parts seront aussi données en prime des prêts pour le fonds de roulement dans les conditions et avec les délais que vous connaissez.

Si vous n'écrivez que pour une souscription pure et simple vous pouvez vous adresser directement pour simplifier à M. Alker, gérant du Syndicat des Anthracites de Saint-Martin de Belleville, 17, avenue de Déols à Châteauroux. Si au contraire vous avez à m'écrire pour autre chose, en même temps que votre souscription, vous voudrez bien vous adresser à moi comme d'habitude.